¡Tú también puedes ser RICA!

By
X'ernona Woods

Copyright © 2023 by X'ernona Woods

Capítulo I

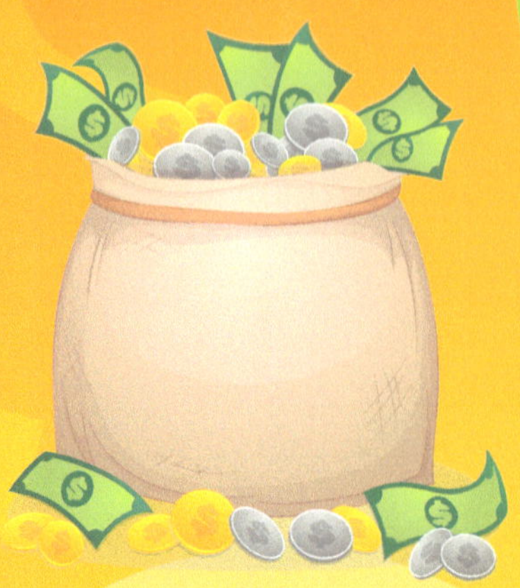

Idioma del dinero

Cada uno habla un idioma diferente. Hay muchos idiomas que la gente habla, pero ¿alguna vez has oído hablar del idioma del dinero?

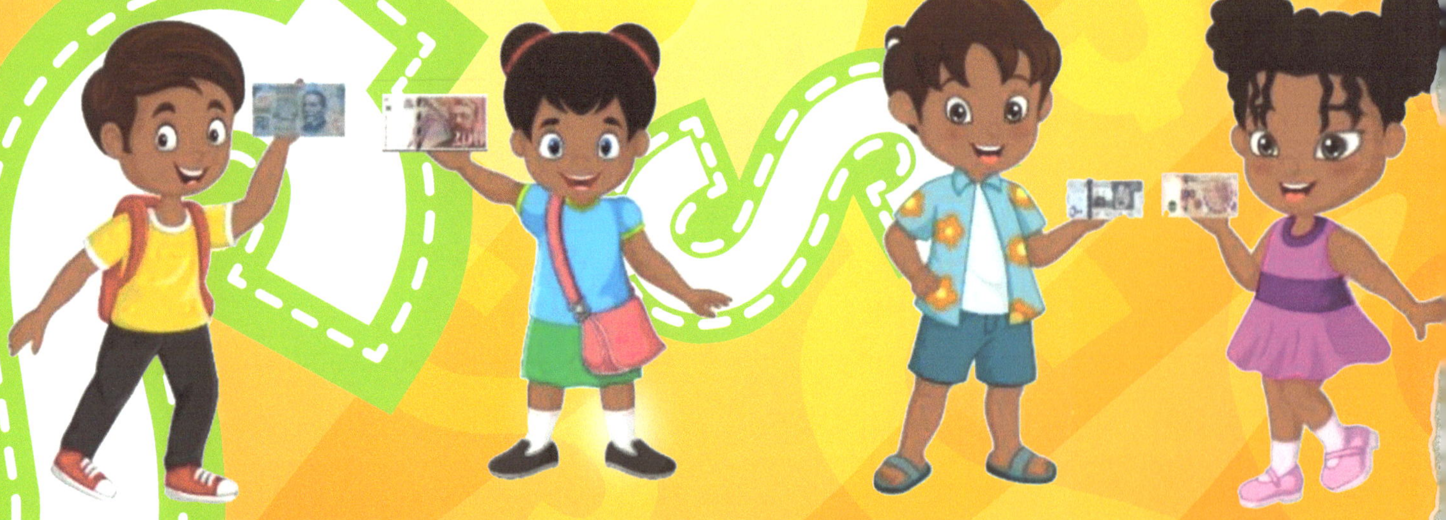

El lenguaje del dinero es una forma especial de hablar y compartir ideas sobre el dinero. Nos ayuda a comprender y explicar cosas relacionadas con el dinero.

El lenguaje del dinero es una forma especial de hablar sobre dinero. ¿Cómo ves el dinero? ¿Sabes cómo usas el dinero para mostrar quién eres? ¡Es como usar dinero para expresarse!

Para demostrar que eres realmente bueno con el dinero y sabes tomar decisiones inteligentes. Puedes usar ropa de diseñador hecha por diseñadores famosos sin gastar mucho dinero. O bien, puedes hacer un conjunto que parezca ropa de diseñador pero que cueste menos. Muy buena

pero no tan cara.

El lenguaje del dinero va más allá de la naturaleza material e influye en nuestro bienestar emocional.

Cuatro idiomas del dinero: ¿qué idioma hablas?

Exploremos las diferentes formas en que la gente piensa sobre el dinero:

1. Conductora
2. Amable
3. Analítica
4. Expresiva

El Conductor ve el dinero como un camino hacia el éxito. Es posible que se sientan tristes cuando no tienen mucho dinero.

A las personas amables les resulta difícil mostrar amor cuando no tienen mucho dinero. son amables y generosos, pero no siempre buenos a la hora de planificar el futuro.

el analítico piensa en el dinero como una forma de mantenerse a salvo de los desafíos de la vida.

El lenguaje expresivo del dinero es importante para ser aceptado y tienden a ganarse el respeto y la admiración de los demás.

Gastan dinero para encajar en un grupo especial y ocultar sus propias preocupaciones e inseguridades.

Objetivos

Las metas son como una brújula que te dirigirá hacia tu grandeza. Tu objetivo debe ser ser rico. Debes decidir. Cuando decides tener dinero y éxito, comienzas a tomar medidas inmediatas para tener riquezas.

Debes elegir **SER** rico y **HACER** acciones para **TENER** el dinero que deseas. El deseo es la energía que se necesita para seguir avanzando hacia tu meta.

Linda- ¿Cuáles son tus objetivos, Scott?

Scott- Bueno, Linda, las metas son cosas emocionantes que queremos lograr. mi objetivo es salvariAcumula mucho dinero, consigue una bicicleta, un teléfono nuevo y 200 dólares!

Creer

En un pueblo donde los niños tenían grandes sueños, cuatro amigos conversaron sobre algo muy especial un día soleado. Hablaron de algo llamado "creencia".

Creencia- Un pensamiento que piensas constantemente y crees que es cierto.

Terry- Creo que puedo ser rica porque siempre hago mi tarea.

Ricky- Creo que puedo ser rico porque soy amable y respetuoso con todos.

Scott- ¡Creo que puedo ser rica solo porque lo digo!

Linda- ¡Vaya, suenan como metas increíbles, Scott!

Scott- ¿Y tú, Linda? ¿Cuáles son tus metas?

Linda- ¿Qué es una meta?

Scott- Las metas son como cosas especiales a las que aspiras, las cosas que realmente deseas.

Jane- Sabes, es una buena idea escribir tus objetivos y por qué quieres a ellos. Cuantas más razones tengas, mayores serán tus posibilidades de lograr tu objetivo.

Y aquí hay un secreto: a veces, es mejor guardarse sus objetivos para usted mismo.

Acciones que te harán rico

Linda- ¿Un secreto? ¿Por qué, Jane?

Jane- Bueno, cuando sabes por qué quieres algo, trabajas más duro para Haz que suceda. Por ejemplo, uno de mis objetivos es tener un motor rojo brillante de 10 velocidades. Bicicleta con manillar blanco y un cómodo asiento blanco. Quiero la bicicleta para andar con mis amigos en los días soleados. Otra razón es que quiero empezar mi propio servicio de entrega de mandados.

Linda- Vaya, suenan increíbles.

Jane- Y mantener tus objetivos en secreto puede ayudarte a mantenerte concentrado. A veces, Si se lo cuentas a los demás, es posible que digan cosas que te hagan sentir triste. es mejor ser feliz y entusiasmado con tus objetivos.

Scott- Tener razones para tus objetivos te ayuda a mantener el rumbo. es como seguir un mapa de un tesoro escondido. Cuando sabes lo que quieres, tomas decisiones y realizas las acciones correctas, estás en camino de alcanzar tus objetivos.

Jane- Los cuatro pasos para lograr mis objetivos son:

1. Decide lo que quiero.
2. Escribe la meta en mi papel.
3. Escribe el motivo.
4. Mira las metas escritas diariamente.

5. Mantener los objetivos en secreto hasta que los complete.

Linda- ¿Por qué debería pensar en mis objetivos todos los días?

Jane- Piensa en tus objetivos como en un mapa del tesoro, Linda. Te ayuda a mantenerte en el camino correcto para encontrar tus objetivos.

Scott- Y cuando logras tus objetivos, tu confianza crece. Cuanto más Cuanto más metas consigas, más fuerte será tu confianza en ti mismo.

Quels objectifs souhaitez-vous atteindre ?

____

____

____

____

Linda- ¿Eh? ¿Qué quieres decir, Scott? ¿Por qué crees eso?

Scott- A veces no necesitas una razón. Necesitas un fuerte deseo y la creencia de que mereces ser rico.

Linda- ¿Quieres decir que todo lo que tenemos que hacer es creer que merecemos ser ricos?

Scott- Sí, puede hacerse realidad cuando realmente crees en algo que deseas.

Juntos- "Todo el mundo merece ser rico, sin importar su edad, estatura, dónde viva o su nacionalidad y raza".

Scott- Es como un regalo con el que nacemos. Todos tenemos derecho a ser ricos.

Terry- Espera, ¿cómo nacemos ricos? ¿Realmente nacemos ricos?

Scott- ¡Por supuesto! Todos nacemos con el potencial de lograr grandes cosas.

Linda- Entonces, ¿todo lo que tenemos que hacer es creer en nosotros mismos y en nuestros sueños?

Scott- Exactamente. Cuando deseas algo y crees en ello con todo tu corazón, puedes hacerlo realidad.

Juntos- "Y recuerda, no puedes ser rica solo si decides que no puedes ser".

Scott- Tu energía positiva es como magia. Puede cambiar tu vida para mejor.

En este pueblo, estos amigos aprendieron que podían hacer realidad sus sueños con fe y determinación. Entonces, cree en ti mismo y en tus sueños, ¡y quién sabe qué cosas maravillosas puedes lograr!

Anota tus objetivos para el día siguiente antes de acostarte y actúa.

pensamiento y palabras

Jane - No puedo ser rico. Vivo en un barrio difícil. Mi mamá y mi papá trabajan muy duro, pero no somos ricos.

Scott- Nadie se hace rico simplemente cambiando su tiempo por dinero. Tener un trabajo significa intercambiar tiempo por dinero. Hacerse rico consiste en usar su dinero sabiamente, no en trabajar más duro.

Jane- ¿Cómo se utiliza el dinero sabiamente?

Scott- Bueno, tener dos trabajos es difícil, pero puedes hacer que tu dinero trabaje para ti.

Jane- ¿Cómo puede funcionar el dinero?

Scott- El dinero es como una herramienta que puedes utilizar para comprar las cosas que necesitas y deseas. El dinero puede crecer si lo usas de la manera correcta.

Jane- ¿Cómo puedo hacer crecer el dinero?

Scott- Ahorrando dinero e invirtiéndolo. No gastes todo tu dinero; ponga algo en una cuenta de ahorros en el banco.

Jane- Eso suena como una buena idea. ¿Tienes más ideas para hacer crecer el dinero, Scott?

Scott- Sí, puedes invertir en ti mismo. Hay dos maneras de hacerlo. La primera es aprender y mejorar, como desarrollar buenos hábitos y confianza en uno mismo.

- ¿Cómo puedo invertir en mí mismo?

- Leyendo libros que te ayuden a sentirte bien contigo mismo. Cuando crees en ti mismo, es más probable que tengas éxito en la vida. La confianza es como una clave para desbloquear tu potencial. Puede desarrollar su confianza logrando sus objetivos, grandes o pequeños. Si puedes hacer una cosa, puedes hacer otra.

La segunda forma es invertir un poco de dinero para obtener más a cambio. Cuando compras acciones de una empresa, ayudas a que esa empresa crezca. A cambio, comparten parte de sus ganancias contigo, lo que se denomina "dividendos".

Jane - ¿Dividendos?

Scott- Los dividendos son el dinero que la empresa le da por poseer sus acciones.

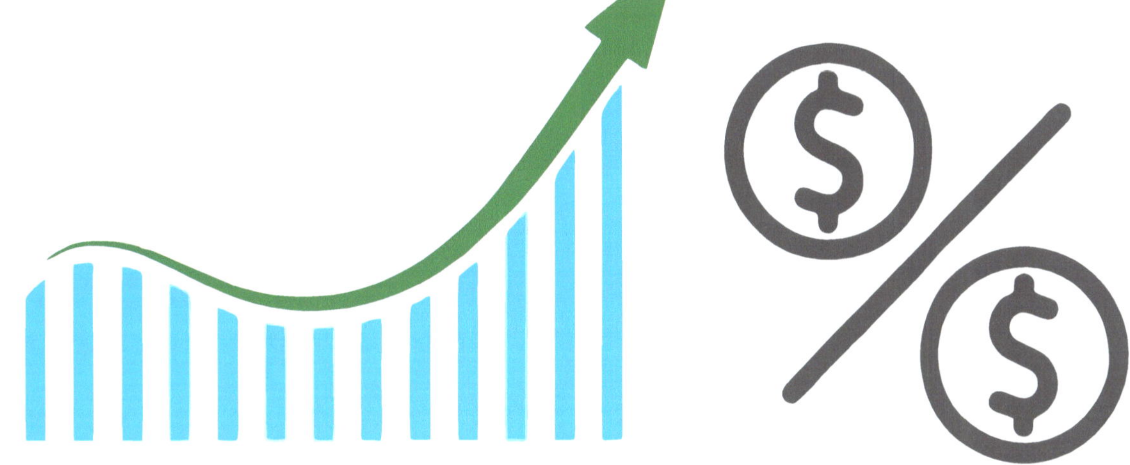

Jane- ¿Cuándo puedo empezar a invertir? ¿En qué empresa debería invertir?

Scott- La verdadera magia está en cómo piensas sobre ti mismo. Cuanto más llenes tu mente con pensamientos positivos sobre ti mismo y el dinero, más crecerás mental y financieramente. Invertir lleva tiempo, pero vale la pena el esfuerzo y la paciencia.

actuar como si

Molly- Soy una mujer de negocios rica.

William- No, no lo eres. Eres un niño de 10 años con un maletín.

Molly- Soy una rica mujer de negocios que posee muchas propiedades, casas y edificios.

Matthew- Elle joue au jeu "Act As If"

William- ¿Por qué?

Matthew- Bueno, cuanto más finges y practicas, más cerca estás de convertirte en lo que sueñas ser.

William- ¿Cómo?

Matthew- Una palabra.

William- ¿Cuál es la palabra?

Matthew- Imaginación

Planifique, prepárese y triunfe

Jane- Todos los días, las cosas que haces pueden ayudarte a tener éxito. ¡Tener una rutina diaria es una excelente manera de comenzar!

Scott- Jane, ¿cómo es tu rutina matutina?

Las personas exitosas planifican y se preparan la noche anterior. Es divertido elegir tu ropa para el día siguiente y asegurarte de que esté limpia y ordenada. No olvides terminar tu tarea y poner tus libros en tu mochila. Incluso puedes hacer una lista de "cosas por hacer" para el día siguiente.

Jane- ¡Planificar con anticipación lo ayuda a prepararse para el éxito!

Linda- ¿Por qué es importante empezar ahora, Scott?

Scott- Bueno, no hay mejor momento que ahora. ¿Realmente quieres esperar hasta ser mucho mayor para lograr tus sueños?

Por ejemplo, si empiezo a ahorrar sólo $10 por día cuando tenga 10 años, cuando tenga 13, tendré esa cantidad. Pero si espero hasta los 20, tendré menos.

La decisión de empezar es el primer paso para alcanzar tus objetivos. Cuanto antes descubras lo que quieres en la vida.

Linda- Cuanto más cerca estés de convertirte en la persona que quieres ser y de hacer las cosas que amas. Se trata de decidir quién quieres ser y qué quieres hacer para que tus sueños se hagan realidad.

Y si

Jane- Oye, Linda, juguemos al juego "¿Qué pasaría si?".

Linda- Nunca había oído hablar del juego "¿Qué pasaría si?".

Jane- Es un juego divertido en el que haces preguntas sobre cosas, lugares y personas que te gustaría experimentar. Debes comenzar cada pregunta con "¿Y si?" Luego usa tu imaginación para verte teniendo lo que realmente deseas e imagina cómo te sentirías si lo tuvieras. Finalmente, piensa en las cosas buenas que harías por los demás una vez que recibas lo que deseas. Para terminar el juego, di "Gracias" por lo que imagines.

Linda- ¿Por qué debería decir gracias?

Jane- Bueno, decir gracias ayuda a que tu imaginación crea que lo que quieres ya existe. No agradecerías nada ni a nadie a menos que estuvieran ahí.

Linda- Quiero $100. ¿Qué pasaría si tuviera $100?

Quiero una bicicleta roja de 10 velocidades con adornos blancos y asiento de cuero negro.

Scott- ¿Qué harías con tu bicicleta? ¿Harías cosas buenas por los demás si tuvieras una bicicleta?

Linda- Vaya, eso suena muy divertido. Se siente bien imaginar tener todo lo que deseas y hacer todas las cosas que dijiste que harías. Entonces podrán hacerse realidad.

Linda- Lo es, pero hay un paso más para ganar el juego. Es un paso ultrasecreto.

Jane- ¿Ultra secreto?

Linda- Sí.

Jane- ¡Dime! Prometo que no compartiré tu secreto.

Linda- Es el sentimiento mágico del deseo, como magia; aparecerá lo que quieras. Pero se necesita práctica para ganar. La mayoría de las personas no ganan el juego porque empiezan a dudar de si sus deseos se harán realidad.

Jane- ¿Alguna vez has ganado el juego "Y si", Linda?

Linda- Sí, todo lo que deseas ya es tuyo. Sólo está esperando que lo creas y simplemente digas gracias.

Scott- Hola Linda, mi mamá quería que te diera estos $100. Te vio limpiando la casa de la señora Sallory después de que su nieta adolescente y sus amigas dejaran un desastre. Ella estaba tan feliz de ver a alguien hacer una buena acción y tú te limpiaste tan bien sin saber que alguien estaba mirando.

Jane- Eres realmente buena en el juego "¿Qué pasa si?".

Linda- La práctica hace la perfección.

Jane- ¿Puedo jugar solo al juego "Y si"?

Linda- Claro, a veces es incluso mejor jugar 19 solo porque puedes concentrarte mejor y disfrutar la sensación sin distracciones.

Amor propio y riquezas

El amor es como una manta cálida y acogedora que ayuda a tus padres a despertarse cada día y trabajar duro para ti. Quieren asegurarse de que tengas todo lo que necesitas, como comida deliciosa, agua limpia, un hogar seguro y ropa cómoda.

Cuando haces cosas buenas por los demás, es como lanzar un boomerang de bondad. La buena sensación que tienes al ayudar a alguien vuelve a ti.

Ser amable con los demás también te hace sentir genial contigo mismo. Es como tener una sombra amiga que te sigue a todas partes. Cada mañana, cuando te despiertas, puedes elegir ser una gran persona contigo mismo y con los demás.

Jane- ¿Cómo puedo ser amable conmigo misma y con las demás?

Linda- **Puedes empezar chocando esos cinco tan pronto como te despiertes. Simplemente párate frente al espejo.**

Jane- ¿Chocar los cinco? ¿Cómo?

Linda- **Chocar esos cinco es como decirte palabras felices. Antes de vestirte o lavarte la cara, mírate en el espejo y di: "Soy increíble". Luego, comparte cinco razones por las que eres increíble y debes ser amable contigo mismo.**

Jane- **Cuando me despierte, diré: "Soy fuerte, soy feliz, soy agradable, soy hermosa y soy amor". También diré en voz baja:**

'Quédate quieto y reconoce que lo soy'.

Linda - ¡Eso es fantástico! ¿Pero qué pasa si no puedo pensar en cinco cosas buenas?

Jane- No existe el "no puedo". Si no quieres sentirte triste o derrotado, deja de decir "no puedo" antes de intentarlo. Empieza con cosas fáciles, como agradecer por tener cinco dedos y una mano.

Jane- Puedes decir: "Estoy feliz de tener dedos", "puedo pintarme un bonito esmalte de uñas", "tengo nudillos para cerrar el puño", "puedo saludar a la gente" y "puedo alegrar". la cita de alguien.' Todo lo que necesitas está ahí en tu mano.

Linda- ¡Guau, no me di cuenta de lo increíble que soy!

Jane- ¡Eres fabuloso! Cuando te miras al espejo y te sientes seguro, notarás que los demás también te tratan con confianza. Al conectarte con el amor interior, atraerás cosas maravillosas como dinero, éxito, grandes amistades y amor.

Muestra un personaje mirándose al espejo con orgullo.

Scott- Recuerda, cuando sonríes, el mundo entero sonríe contigo. Así que sonríe cada día más. Eres como el sol, difundiendo felicidad, alegría y amor para ti y para todos los que te rodean. No tienes que esperar a que brille el sol; ¡eres el sol!

- Sigue pensando buenos pensamientos; verás suceder cosas increíbles. Tus pensamientos amables se conectan con tus sentimientos y es entonces cuando actúas para conseguir lo que deseas. Sentirse bien atrae energía positiva.

Visitas al médico

Scott- Recuerda, tu salud es como un tesoro escondido. Sin las riquezas de la buena salud, serás pobre. Las personas rara vez sonríen o son felices cuando están física o mentalmente enfermas.

Cuidar su mente y su cuerpo es extremadamente importante para preservar su salud y vivir una vida larga, feliz y próspera. Para mantenerse saludable, no olvide visitar a su médico regularmente.

Jane- ¡Conozca al Dr. Sun! El sol es un refuerzo porque aporta vitamina D y combate la tristeza y el nerviosismo. Dr. Sun te trae energía y alegría. Disfrutar de los rayos del

sol, tumbarse en la hierba y permitir que el sol te sane internamente.

- **Dr. Nutrition se trata de comida deliciosa y saludable. Comer verduras, frutas y proteínas ayuda a tu cuerpo a manejar el estrés y mantenerse en buena forma. Beber agua es como una poción mágica; Limpia tu cuerpo y te mantiene hidratado y sintiéndote genial.**

- ¡Dr. Ejercicio quiere que juegues y te muevas todos los días! Fortalece tus músculos y te ayuda a pensar mejor. ¿Y adivina qué? Estar activo puede ayudarte a lograr cosas increíbles. Así que ¡no olvides levantarte temprano y ponerte en movimiento!

Nick- Dr. You: Lo creas o no, ¿sabías que dar a los demás es más gratificante que darte a ti mismo? Cuando das autenticidad, estás elevando la vibración más alta del amor.

Además, felicítese y comente las cosas buenas que suceden a diario. Agradece simplemente ser tú.

- Lea "¡Tú también puedes ser rico!" con la mayor frecuencia posible y toma medidas para generar riqueza diariamente a través de creencias positivas y hábitos monetarios saludables, como pagarte a ti mismo primero, iniciar un negocio e invertir.

Recuerde cambiar sus pensamientos, palabras y sentimientos para centrarse en la prosperidad, la felicidad, la alegría, el éxito y el dinero.

Lee libros que nutran tu alma. Tómate un tiempo lejos de tus dispositivos eléctricos y sal con amigos positivos que solo quieren lo mejor para ti. Por último, sal a caminar y respira aire mientras recitas la siguiente poderosa afirmación:

Ahora estoy agradecido de que la abundancia llegue a mí con facilidad y sin esfuerzo de manera constante y diaria.

Estoy recibiendo. Lo estoy recibiendo ahora. Estoy recibiendo toda la riqueza que el universo tiene para mí ahora.